LOS TRACTORES

Aaron Carr

www.av2books.com

Visita nuestro sitio **www.av2books.com** e ingresa el código único del libro.
Go to www.av2books.com, and enter this book's unique code.

CÓDIGO DEL LIBRO
BOOK CODE

N855419

AV² de Weigl te ofrece enriquecidos libros electrónicos que favorecen el aprendizaje activo.
AV² by Weigl brings you media enhanced books that support active learning.

El enriquecido libro electrónico AV² te ofrece una experiencia bilingüe completa entre el inglés y el español para aprender el vocabulario de los dos idiomas.

This AV² media enhanced book gives you a fully bilingual experience between English and Spanish to learn the vocabulary of both languages.

Spanish

English

Navegación bilingüe AV²
AV² Bilingual Navigation

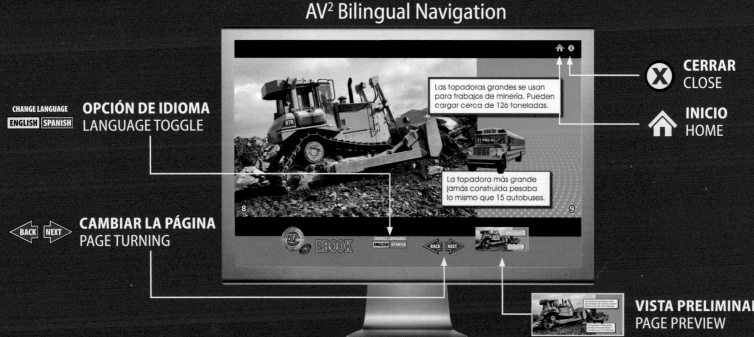

OPCIÓN DE IDIOMA
LANGUAGE TOGGLE

CAMBIAR LA PÁGINA
PAGE TURNING

CERRAR
CLOSE

INICIO
HOME

VISTA PRELIMINAR
PAGE PREVIEW

Las topadoras grandes se usan para trabajos de minería. Pueden cargar cerca de 126 toneladas.

La topadora más grande jamás construida pesaba lo mismo que 15 autobuses.

2

LOS TRACTORES

CONTENIDO

4

Los tractores son máquinas grandes. Facilitan el trabajo de las personas.

5

Hay muchos tipos de tractores. Algunos tractores se utilizan en las granjas. Otros se utilizan para construir carreteras.

Los tractores vienen en diferentes tamaños. Algunos tractores son del tamaño de un camión.

El tractor más grande mide 21 pies de alto y pesa 45 toneladas.

Los tractores pueden utilizar herramientas para realizar diferentes tipos de trabajo. Pueden tirar de arados y empacadoras de heno.

Los tractores tienen motores
muy grandes y poderosos.
Estos motores pueden ser
de 500 caballos.

13

14

Los tractores tienen un lugar cerca de su parte trasera que se llama cabina. Aquí es donde el conductor se sienta.

Los tractores están hechos
para diferentes tipos de
terreno. La mayoría de los
tractores tienen ruedas.

Algunos tractores
tienen orugas.

18

La retroexcavadora es un tipo especial de tractor. Cuenta con un balde en el frente y una cuchara en la parte trasera. Se utiliza para hacer edificios y carreteras.

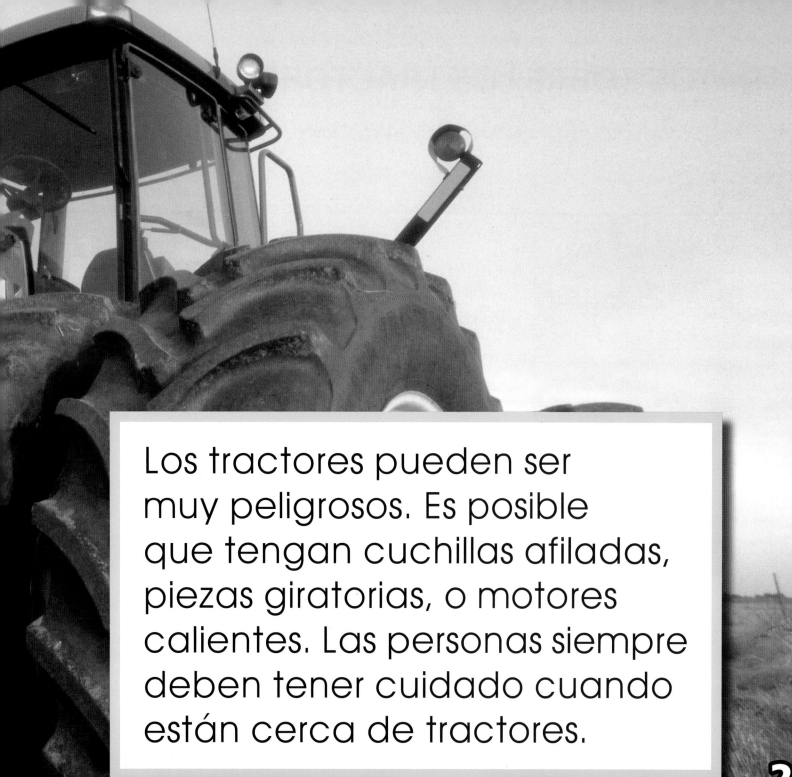

Los tractores pueden ser muy peligrosos. Es posible que tengan cuchillas afiladas, piezas giratorias, o motores calientes. Las personas siempre deben tener cuidado cuando están cerca de tractores.

DATOS SOBRE LOS TRACTORES

En estas páginas proveen información detallada acerca de los datos interesantes que se encuentran en el libro. Están destinadas a ser utilizadas por adultos como un apoyo de aprendizaje para ayudar a que los jóvenes lectores completen sus conocimientos acerca de cada máquina presentada en la serie *Máquinas Poderosas*.

Páginas 4–5

Los tractores son máquinas grandes agrícolas. Aunque son similares a los camiones, están hechos para conducirse lentamente y tirar de cargas pesadas. La palabra "tractor" proviene de una palabra latina que significa "tirar". Las personas han usado tractores durante más de 140 años. Los primeros tractores utilizaban de motores a vapor. Eran utilizados, sobre todo, para mover objetos pesados. Los primeros tractores con motor de gasolina se hicieron a finales del 1800. Hoy, los tractores se utilizan para hacer muchos trabajos agrícolas con más facilidad.

Páginas 6–7

Hay muchos tipos de tractores diferentes. Los tractores son utilizados para realizar una amplia gama de trabajos. Además de las labores agrícolas, los obreros usan tractores como ayuda para hacer edificios y carreteras. En los aeropuertos, los tractores se utilizan para tirar de los carros del equipaje hasta los aviones. Los militares utilizan tractores blindados especiales para ayudar a construir campamentos y murallas.

Páginas 8–9

Los tractores vienen en diferentes tamaños. Los tractores pequeños pueden ser utilizados para cortar el césped, en paisajismo y para realizar pequeños trabajos en las granjas. Los tractores grandes se utilizan para trabajar en los grandes campos agrícolas. El tractor de granja más grande del mundo es el Big Bud 747. Mide 21 pies (6,4 metros) de alto y pesa 45 toneladas (40,8 toneladas métricas). Este tractor fue hecho para arar campos enormes de algodón en California.

Los tractores pueden tirar de herramientas que hacen diferentes trabajos. Pueden ser equipados con una amplia gama de herramientas, lo que hace que los tractores sean uno de los equipos más versátiles en muchos sitios de trabajo. Los agricultores usan tractores equipados con varios accesorios para ayudarles a plantar, cultivar y cosechar sus productos. Los arados rompen el suelo, las rastras hacen que el suelo quede liso, las sembradoras plantan semillas, los rociadores irrigan los cultivos, y las empacadoras de heno, cortan y forman fardos.

Páginas 10–11

Páginas 12–13

Los tractores tienen motores muy grandes y potentes. La potencia de un motor se mide en caballos de fuerza. El concepto fue inventado por un ingeniero llamado James Watt. Él descubrió que, en promedio, un caballo podía producir 33.000 pies-libras de trabajo en un minuto. Por lo tanto un motor que puede hacer la misma cantidad de trabajo en un minuto, se puede decir que tiene 1 caballo de fuerza. El tractor agrícola John Deere más grande cuenta con un motor de 560 caballos de fuerza.

Páginas 14–15

Los tractores tienen un lugar cerca de su parte trasera que se llama cabina. Los conductores operan todas las funciones del tractor desde el interior de la cabina. El asiento del conductor es la parte principal de la cabina. La mayoría de los tractores tienen un recinto cerrado alrededor de la cabina. Esto mantiene la seguridad del conductor. Los controles de velocidad, frenado y dirección se encuentran en la cabina, alrededor del asiento del conductor. Los espejos y las luces suelen estar unidos a la parte exterior de la cabina.

Páginas 16–17

Los tractores están hechos para diferentes tipos de terreno. Muchos tractores tienen dos ruedas traseras grandes y dos ruedas delanteras pequeñas. Los tractores de tracción en las cuatro ruedas tienen ruedas grandes tanto en la parte delantera como en la trasera. Otros tractores utilizan orugas en lugar de ruedas. Las ruedas ofrecen una mejor dirección, pero las orugas brindan una mejor tracción.

Páginas 18–19

La retroexcavadora es un tipo especial de tractor. Una retroexcavadora es un tractor provisto de un cubo, llamado cargador frontal, en la parte delantera y una retroexcavadora o pala, en la parte posterior. Las retroexcavadoras son uno de los tipos más comunes de tractores modificados. Son máquinas muy versátiles que se utilizan en muchos sitios de construcción. La retroexcavadora puede cavar hoyos y trincheras, mientras el cargador frontal carga la suciedad en un camión basculante para su eliminación.

Páginas 20–21

Los tractores pueden ser muy peligrosos. Incluso los tractores más pequeños pesan miles de libras (kilogramos). Su enorme tamaño y peso, junto con sus ruedas grandes y accesorios de metal afilados, indican muchos peligros potenciales cuando los tractores están cerca. La mayoría de los tractores tienen características de seguridad diseñadas para mantener seguro al conductor, tales como cinturones de seguridad, cabinas cerradas, y barras estabilizadoras. Sin embargo, siempre se debe tener cuidado cuando se trabaja con tractores.

¡Visita www.av2books.com para disfrutar de tu libro interactivo de inglés y español!

Check out www.av2books.com for your interactive English and Spanish ebook!

1 **Entra en www.av2books.com**
Go to www.av2books.com

2 **Ingresa tu código**
Enter book code

N 8 5 5 4 1 9

3 **¡Alimenta tu imaginación en línea!**
Fuel your imagination online!

www.av2books.com

Published by AV² by Weigl
350 5ᵗʰ Avenue, 59ᵗʰ Floor New York, NY 10118
Website: www.av2books.com   www.weigl.com

Library of Congress Control Number: 2014933171

ISBN 978-1-4896-2177-1 (hardcover)
ISBN 978-1-4896-2178-8 (single-user eBook)
ISBN 978-1-4896-2179-5 (multi-user eBook)

Printed in the United States of America in North Mankato, Minnesota
1 2 3 4 5 6 7 8 9 0 18 17 16 15 14

042014
WEP280314

Project Coordinator: Jared Siemens
Spanish Editor: Translation Cloud LLC
Art Director: Terry Paulhus

Every reasonable effort has been made to trace ownership and to obtain permission to reprint copyright material. The publishers would be pleased to have any errors or omissions brought to their attention so that they may be corrected in subsequent printings.

Weigl acknowledges Getty Images as the primary image supplier for this title.